7 PASSOS PARA UM EVENTO PERFEITO

TATIANA BENITES

2015 Tatiana Pacheco Benites

Revisão: Eliana Ferrer Haddad
Projeto Gráfico: José Eduardo da Costa

A reprodução parcial ou total desta obra, por qualquer meio, somente será permitida com a autorização por escrito da autora. (Lei nº 9.610 de 19.02.1998)

Benites, Tatiana Pacheco, 1979-
    7 passos para um evento perfeito / Tatiana Benites.

– São Paulo, SP : Comunica-T, 2015.
    29 p.; e-book
    ISBN 9781973358503

1. Organização de eventos. 2. Planejamento. I. Título

CDD-060.6

SUMÁRIO

Primeiro passo: Que tipo de evento será feito? 03

Segundo passo: Os convidados 07

Terceiro passo: Como será o convite? 11

Quarto passo: Contratação dos fornecedores 17

Quinto passo: Organização do dia do evento 20

Sexto passo: Avaliação do evento 25

Sétimo passo: Pós-evento 27

Sobre a autora 29

TATIANA
BENITES

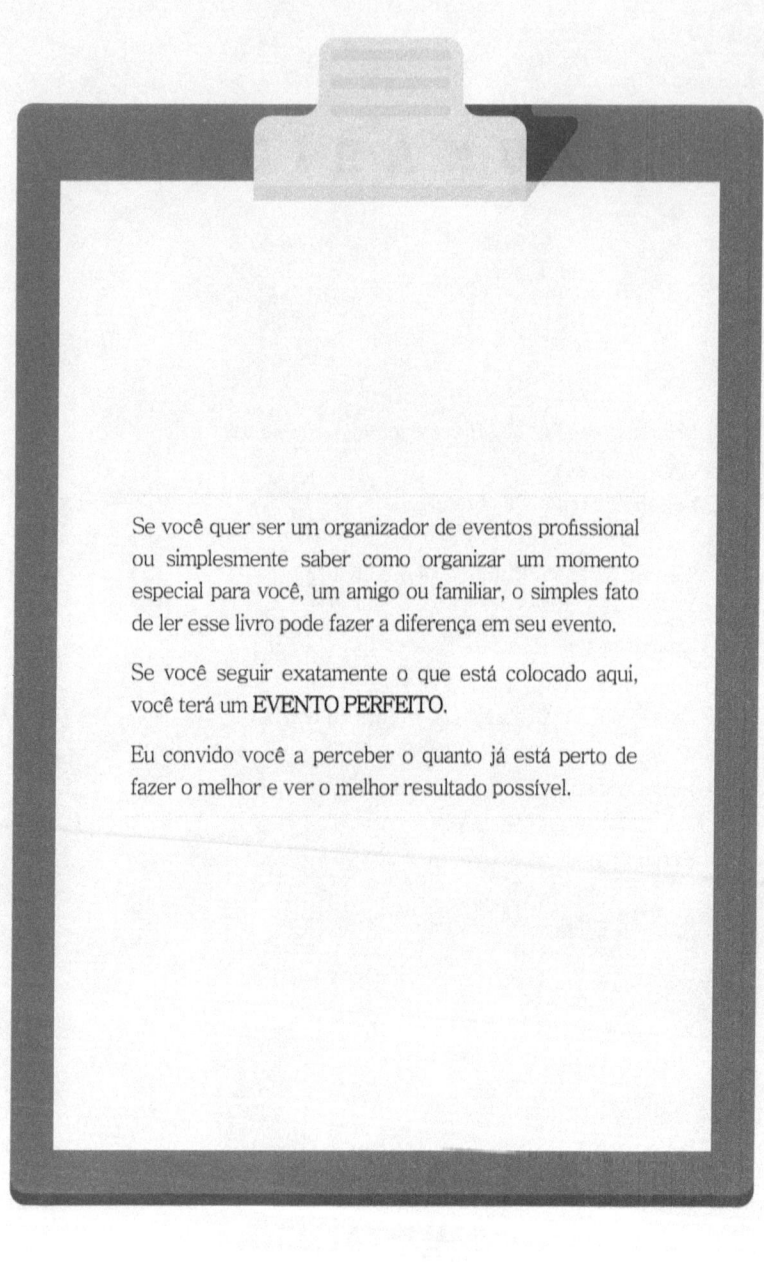

Se você quer ser um organizador de eventos profissional ou simplesmente saber como organizar um momento especial para você, um amigo ou familiar, o simples fato de ler esse livro pode fazer a diferença em seu evento.

Se você seguir exatamente o que está colocado aqui, você terá um **EVENTO PERFEITO**.

Eu convido você a perceber o quanto já está perto de fazer o melhor e ver o melhor resultado possível.

**TATIANA
BENITES**

primeiro PASSO

Que tipo de evento será feito?

**TATIANA
BENITES**

O primeiro passo é saber o que será feito.

Que tipo de evento quero fazer?

Uma festa de aniversário?

Uma reunião de amigos?

Um evento para empresa?

Uma reunião formal?

Uma festa temática?

Uma feira?

Um casamento?

Um chá de bebê?

Um evento esportivo?

Uma excursão?

Cada um desses eventos terá uma característica diferente e demandará um tempo específico para sua organização.

Por exemplo: Se você tiver que organizar uma feira, do tipo Feira do Livro ou Bienal do Livro, precisará de pelo menos um ano de antecedência para organizar tudo, contatar todos os fornecedores, fechar os projetos, brindes, etc.

Um aniversário pode ser simples ou complexo, vai depender do número de convidados, idade, tema, etc. O aniversário infantil, talvez, demande mais tempo para organização do que um aniversário de adulto, que não terá tema ou decoração com enfeites temáticos e lembrancinhas para convidados.

Na verdade, na área de eventos tudo DEPENDE.

Depende do local, depende da verba, depende do público e depende, principalmente, do tema do evento.

Portanto, vamos pensar em perguntas básicas que devem ser respondidas nesse momento:

- Que tipo de evento você quer fazer agora?
- Para quem?
- Para quantas pessoas?
- Onde será?
- Quando será?
- Quanto temos de verba para esse evento?
- Quem mais vai ajudar nessa organização?
- Terá tema? Qual?

Depois de responder a essas primeiras perguntas-chave, você já terá grande parte das informações principais para iniciar sua Organização do Evento Perfeito.

Guarde essas informações com você, pois trabalharemos com elas e muitas outras que complementarão sua jornada de organização.

segundo PASSO

Os convidados

TATIANA BENITES

Depois de sabermos que tipo de evento temos que organizar, precisamos saber quem convidaremos. Para alguns tipos de evento a escolha dos convidados é fundamental; para outros, o convite pode ser feito de forma genérica.

Por exemplo: Para um casamento a escolha dos convidados é muito importante, pois é uma data marcante para os noivos e suas famílias. Um convidado desagradável pode estragar a "festa dos sonhos" que foi tão bem planejada.

Nesse caso, a lista de convidados é feita em conjunto. Geralmente, os noivos fazem a lista e suas famílias também colaboram com as "sugestões". Num casamento não só a escolha das pessoas, mas também o número de convidados é de extrema importância, pois há três fatores fundamentais que influenciam:

- O tamanho do local da cerimônia religiosa

- O tamanho do local onde será realizada a festa

- O valor do buffet, pago por pessoa

Essa regra também vale para festas de jovens ou adultos que comemoram em buffets infantis, seja qual for o tipo ou idade.

Exemplo para eventos corporativos: Quando o evento corporativo é interno – por exemplo, uma reunião, apresentação ou demonstração – é importante que ao menos um representante de cada área envolvida seja convidado.

Quando o evento é externo, há várias opções, como:

- Feiras e exposições
- Eventos esportivos
- Eventos culturais
- Convenção de vendas
- Mostras
- Congressos
- Lançamento ou relançamento de produtos/serviços
- Desfiles
- E muitos outros

Cada um desses eventos possui características muito diferentes.

Pegaremos o exemplo de uma feira de negócios que acontecerá num grande centro de exposições no Brasil. Suponhamos que a entrada na feira seja livre, podendo portanto qualquer pessoa entrar sem pagar.

Para esse tipo de evento, podemos convidar quaisquer pessoas: parentes, amigos, clientes, fornecedores, lista de contatos e outros.

Se essa feira fosse fechada e só entrassem pessoas com convites, a escolha de convidados já seria mais restrita.

O que precisaríamos levar em consideração?

- Clientes potenciais (já que é uma feira para fechar novos negócios);

- Clientes da empresa (já que podem conhecer outros serviços oferecidos, além de também se sentirem VIPs numa feira de poucos convidados);

- Clientes fiéis que podem fazer nossa propaganda e nos indicar a novos clientes.

Com isso nossa lista seria muito bem selecionada por ordem de importância para o negócio.

terceiro PASSO

Como será o convite?

TATIANA
BENITES

Atualmente, a maioria das pessoas acha que um simples convite por e-mail ou Facebook já é suficiente. "É mais barato e tem o mesmo efeito". Para alguns eventos, realmente esse pode ser o modelo ideal, mas isso não serve para todos.

Dependendo do evento, o formato do convite ou a forma de entrega pode fazer toda a diferença.

Convites de casamento tendem a ser muito bem elaborados, com tamanhos diferenciados e fontes rebuscadas. O papel é especial, o recorte, o relevo, a tinta, cada detalhe faz a diferença. Não dá para perder tudo isso e simplesmente mandar um convite de casamento via evento do Facebook!

Quando fazemos um evento que queremos causar expectativas, podemos enviar um TEASER. Usamos esse termo para convidar pessoas para experimentarem algo que elas só irão descobrir se forem ao evento. Por exemplo: enviar uma semente de planta com a frase "Venha plantar suas expectativas conosco e participar de uma nova fase em sua vida." Assim, somente ao chegar no evento é que a pessoa descobre tratar-se de qualidade de vida de uma grande empresa.

Ou pode-se enviar uma caixa vazia para que a pessoa receba seu presente no evento. Enviar somente um brinco e a pessoa completar o par apenas no evento.

Um convite dessa forma gera expectativa e pode encantar os convidados.

O convite pode também ser um presente, um brinde ou simplesmente impresso. O formato criativo vai depender do tipo de evento, tema e do público convidado.

Para alguns eventos utilizamos mais de um TEASER. Por exemplo: Enviamos algo um mês antes do evento e um segundo teaser 15 dias antes e, em alguns casos, um terceiro teaser 7 dias antes. Ele pode ser virtual ou real.

O convite digital é muito útil para eventos pessoais como aniversários, festas, casas noturnas, reuniões, pequenos lançamentos ou inaugurações e muitos outros.

Os convites são enviados por e-mail ou redes sociais. Podem ser compostos somente de texto, de uma arte criativa ou fotos.

É claro que o formato do convite é muito importante, mas há dois outros itens essenciais também: a forma de entrega e o conteúdo.

ENTREGA DO CONVITE:

A entrega do convite pode ser:

- Virtual, por e-mail ou redes sociais;
- Mobile, por whatsapp, sms, viber ou outro dispositivo;
- Pessoalmente, em mãos;
- Via correio, transportadoras ou motoboys;
- Entrega diferenciada.

Como é uma entrega diferenciada?

Podemos entregar um convite para um show de rock, por exemplo, com entregadores vestidos de roqueiros.

Há alguns anos orientei um projeto de conclusão de curso (TCC), cujo cliente era o Mercadão de São Paulo. Os alunos deveriam entregar os convites aos componentes da banca examinadora. Esse grupo usou a criatividade e entregou o convite impresso junto com um lanche de mortadela do Mercadão (o mais famoso do local, com 500g de mortadela). Mas não foi só isso. O entregador estava com avental do mercadão e entregou em mãos o convite personalizado. Veja como foi interessante!

Resultado: A primeira coisa que a banca examinadora falou no dia da apresentação foi sobre o convite com o entregador e o lanche de mortadela. Com isso ganharam o prestígio dos examinadores.

CONTEÚDO DO CONVITE:

É importante que TODAS as informações estejam no convite de forma clara. Palavras simples, independentemente do público, são a melhor opção.

Observe que são imprescindíveis as informações:

- Data
- Horário
- Local

No entanto, em muitos casos, é importante destacar informações como:

- Entrada somente com a apresentação deste convite.
- Traje (social, esporte, etc.)
- A entrada de crianças até 12 anos não será permitida.
- Não será permitida a entrada de pessoas com... (objeto/ traje/ peça).

quarto PASSO

Contratação dos fornecedores

TATIANA
BENITES

O organizador do evento é o responsável pela contratação de todos os fornecedores, dos itens mais importantes aos menos importantes. Se é que existe fornecedor menos importante num evento.

É importante que o organizador pense em todos os detalhes. Para isso o melhor é fazer uma lista de tudo que deve ser providenciado. Por exemplo:

- Lista de convidados
- Convites
- Mesas
- Cadeiras
- Toalhas de mesa
- Decoração da mesa
- Música (DJ, cantores, lista de músicas no computador)
- Aparelho de som
- Buffet
- Recepcionista
- Brinde/ Lembrancinha
- E todos os itens necessários para seu evento sair perfeito.

É o organizador que vai entrar em contato com os fornecedores, seja por telefone, e-mail ou pessoalmente. Ele que vai buscar as alternativas de modelos e valores para mostrar ao seu cliente, mostrando-lhe diversas opções para o que deseja. Por exemplo: três opções de decoração para que o cliente possa escolher a melhor.

Importante também é mostrar a origem dos orçamentos, dizendo quem é o fornecedor, sem medo do cliente, pois isso prova sua sinceridade com o cliente e você pode ganhar ainda mais a sua confiança.

Encontre fornecedores confiáveis, procure saber se eles cumprem os prazos combinados e se entregam realmente a mercadoria que é encomendada.

Alguns fornecedores fazem parcerias e você pode ganhar comissão se comprar com ele com certa frequência. Isso é uma grande vantagem!

Lembre-se: busque um fornecedor que atenda a sua necessidade, investigue se ele cumpre prazos e entrega o que realmente se pediu. Isso garante o sucesso de seu evento!

quinto PASSO

Organização do dia do evento

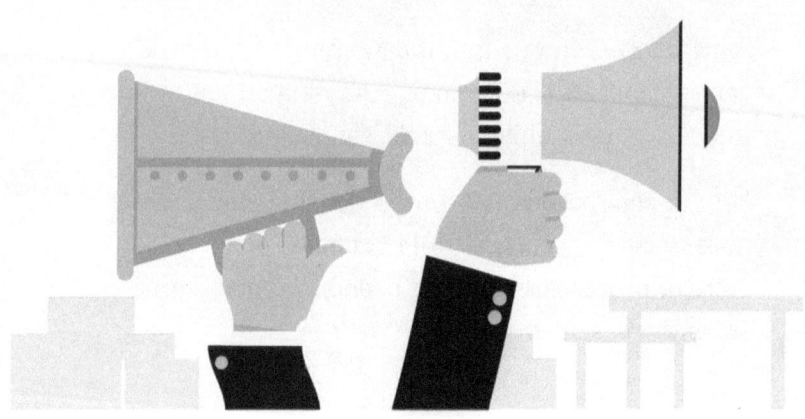

TATIANA
BENITES

Se você já marcou todos os itens que deveriam ser providenciados e combinou tudo com seus fornecedores, seu evento tem tudo para dar certo, mas queremos que seja um evento perfeito, então para isso precisamos nos preocupar com o controle do evento no dia.

No dia do evento **TUDO TEM QUE DAR CERTO!**

Faça uma lista de todos os itens que você terá que conferir no dia do evento. Para facilitar, coloque os horários.

Veja um exemplo:

Festa noturna em casa

09:00 – Chegam as mesas e cadeiras do fornecedor X

10:00 – Chegam as toalhas de mesa do fornecedor Y

11:00 – Conferir as lembrancinhas que chegaram a semana passada.

12:00 – Arrumar as mesas e o espaço de dança.

12:30 – Conferir talheres, pratos e copos

15:00 – Chegam os equipamentos de som e iluminação do fornecedor Z

16:00 – O buffet chega e começa a organizar a cozinha

18:00 – Chegada do DJ

19:00 – Chegada dos convidados

21:00 – Chegada da atração convidada da festa

01:00 – Final da festa

02:00 – Início da desmontagem

Isso pode facilitar bastante o controle de fornecedores. Se um deles demorar, você tem que ligar e cobrá-lo.

Além disso tenha um controle do que vai acontecer no evento, por exemplo:

19:00 - Chegada dos convidados

20:00 - Início da música

21:00 - Atração da festa

21:30 - Servir o jantar

22:00 - Fazer o discurso

23:00 - Distribuir a lembrancinha

00:00 - Desligar o som

E POR AÍ VAI.

O importante é ter o controle de todo o tempo do evento para que tudo saia como o planejado.

Os convidados não saberão de seus controles, por isso se algo atrasar ou não der certo você ainda pode improvisar ou mudar a ordem das coisas, se o modelo do evento permitir.

Lembre-se de ter um Plano B, caso saiba que algo pode correr o risco de falhar.

Improvisos podem acontecer, mas para o EVENTO PERFEITO não podemos contar com isso. É importante que tudo funcione dentro do esperado.

Se algo der errado, não se desespere, use a imaginação e busque soluções. Chorar não solucionará o problema!

sexto PASSO

Avaliação do evento

TATIANA BENITES

Depois que o evento termina, é essencial que façamos o balanço sobre o que deu certo e o que poderia ser melhorado.

Verificamos se os fornecedores foram realmente bons e se voltaremos a contratá-los nos próximos eventos.

Você pode fazer uma nova tabela e colocar notas de 0 a 10 para cada item. Assim você saberá em qual fornecedor confiar e poderá contar com eles nos próximos eventos.

Esse também é o momento de verificar o que sobrou e o que fazer com o material. Brindes a mais, materiais do evento e decoração, tudo precisa ter um destino correto para que não haja problema com o cliente depois.

Dê satisfação ao cliente de tudo que sobrou, como foi separado e para onde vai.

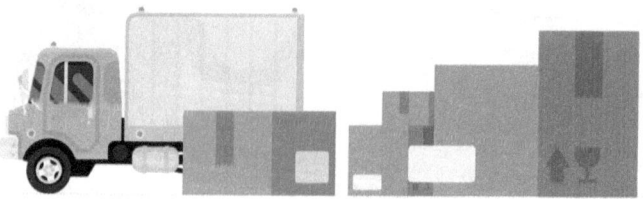

sétimo PASSO

Pós-evento

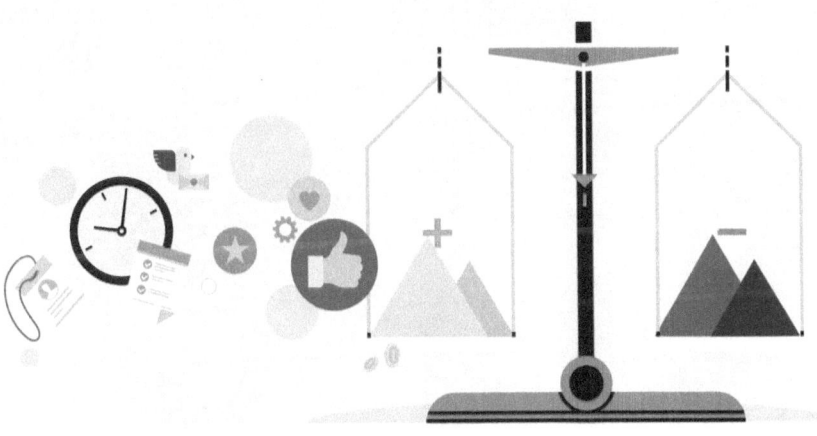

TATIANA
BENITES

Depois do evento, você pode enviar ao cliente um e-mail agradecendo a confiança pela escolha de sua empresa (ou pessoa física/autônomo).

Você também pode enviar uma pesquisa de satisfação para saber a opinião do cliente sobre os seus serviços e dos fornecedores. Muitas empresas têm receio de enviar a pesquisa de satisfação. Mas quando você tem o retorno do cliente, positivo ou negativo, poderá minimizar seus erros nos próximos eventos. É sempre bom sabermos nossos pontos fortes e fracos. Assim, podemos valorizar nossos pontos fortes nas próximas vendas, propagandas e minimizar ou exterminar de vez os pontos fracos.

Dessa forma, se esse evento não foi perfeito, o próximo será.

Sobre a autora:

Tatiana Benites é publicitária, docente universitária, escritora e empresária. Possui experiência de mais de 20 anos em organização de eventos sociais e empresariais. Sempre gostou de ensinar o que aprendeu na prática através de seus cursos e aulas. Investiu em sua carreira acadêmica e coaching para aperfeiçoar suas técnicas para desenvolver pessoas e realizar seus sonhos.

CONTATOS:

www.tatianabenites.com.br
www.comunica-t.com.br

Youtube: **Tatiana Benites**
Instagram: **@tatibenites**
Twitter: **@tatibenites**

www.ingramcontent.com/pod-product-compliance
Lightning Source LLC
Chambersburg PA
CBHW031600210526
45464CB00003B/1358